내
마음에
흐르는
강

성영소 詩集

내
마음에
흐르는
강

Bmk
magazine&publishing

辨

어느덧 古稀에 이르러 지난 세월을 뒤돌아보니 참 가슴이
아픕니다. 젊음, 사랑, 정, 이런 것들이 얼마나 소중한 것인지도
모르고 정말 하찮은 일들로 지난 삶을 메워버렸습니다.
먹먹한 가슴을 어찌할 수 없어 글로 썼습니다. 詩를 좋아하지만
詩作法을 제대로 배우지 못했습니다. 그런데도 감히 詩集이라는
이름을 붙여 책으로 내는 것을 미안하게 생각합니다.

차례

그리움

그리움은 물안개인가요.
아니 봄날 아지랑이 같은 것일지 몰라요.

너무 아스라하여
물안개 같은 당신
아지랑이같이 막연한 당신

당신은 내게 복사꽃으로 오셨습니다.
잎보다 먼저 피는 복사꽃으로 오셨습니다.
당신이 내게 가슴앓이인 것은
그 때문입니다.
잎보다 먼저 피었다가 가버린 당신,
문득 깨달았을 때
당신은 너무 아스라하여
그리움으로만 남았습니다.
당신은 어찌하여 그토록 급히 떠나갔나요.

당신은 내게 안타까움입니다.
당신은 늘 가슴앓이입니다.

웃음

당신은 무슨 까닭으로 웃었습니까.
당신은 나를 보며
참으로 잠시 웃음을 흘렸지만
내 영혼은 나를 버렸습니다.
내 영혼은 바로 그때
당신에게 빨려 들어가버리고
난
그 후부터
영혼 없는 사람이 되었습니다.
넋 빠진 놈이 되었습니다.
함부로 웃지 마세요, 당신.
하얀 이 드러내며 예쁘게 웃지 마세요, 당신.
당신이 웃으면 내 가슴은 콩닥거리고
당신이 웃으면 난 정신이 아득합니다.
그런 줄도 모르고
당신은 웃고 있나요.
당신은 아무런 눈치도 못 채는 바보인가요.

당신

당신은 내게
한 송이 함박눈입니다.
당신을 생각하면
당신은 어느새
내 가슴에
형체도 없이 녹아내려
차가운 강물이 되어 흐르고
나의 가슴은 시려옵니다.
당신을 그리는 나의 생각은
잠시도 멈추지 않아
내 가슴에 끊임없이 눈은 내리고
난 시린 가슴을 부둥켜안고 괴로워합니다.

들꽃

이름 모를 작은 들꽃 앞에서
내가 무릎을 꿇는 것은
꽃이 아름답기 때문만은 아닙니다.

지난겨울
내가 구들장을 깔고 누워서도 추위에 떨고 있을 때
어쩜 갓난아이 손톱보다 작은 저 꽃은
황량한 벌판에 서서
온몸으로 겨울을 이겨냈던 것이외다.
그리고는 저토록 눈 아프게 정밀한
꽃을 피웠음이지요.

산다는 것은 한밤중 문득 잠에서 깨어
끝 간 데 없는 고독 속으로 떨어지는 것이지요.
그런데 허물어진 무덤가에 핀
저 작은 들꽃은
홀로 그믐밤을 하얗게 지새우고도
어쩜 저리 아름답게 웃고 있는 건가요.

첫눈

난 첫눈은
기다리는 것이 더 좋다
소담스럽게 내리는 눈도 좋지만
눈이 내릴 것 같은 날이 더 좋다.

무슨 좋은 일이 있을 것 같은
누군가를 사랑할 것 같은
그런 설렘으로 기다리는 것이 난 좋다.

올해는 첫눈이 내가 잠든 사이에
몰래 내리지 않았으면 좋겠다.
퇴근길이거나
한가한 일요일 오후에 내렸으면 더욱 좋겠다.
그럼 나는
어느 작은 카페 문이라도 밀고 들어가거나
숲속이거나
오롯이 미루나무 두어 그루 서 있는 강가이거나
어디든
아직도 나를 기다리고 있을 것 같은
머언 옛날 잃어버렸을 것 같은 그런 사랑을 찾아 나서겠다.

외롭거든 그대

이 가을에
외롭거든 그대
길을 떠나라
세상엔 온통 외로운 사람뿐,
옆에 누구 있거든
길을 물어라
그것이 바로 외로움을 나누는 암호이거니.
가는 길 오는 길
차창 밖으로 흐르는
빈들과
목적지도 없는 강물과
가지 끝에 간신히 매달려 있는 낙엽들마저도
사실은 모두 외롭나니 그대 외롭거든 길을 떠나라.

제주 스케치

제주는 詩다.
푸른 하늘
흰 구름들
고즈넉이 이어지는 오름들
아름다운 들꽃들
잎사귀에 부서져 반짝이는 햇빛
새들의 소리
하늘거리는 바람결
제주는 詩語만을 모아놓은 詩語辭典이다.

제주에는 먼 수평선이 있다,
수평선에는 꿈이 있다.
제주의 돌담은 경계를 이루는 돌담이 아니다.
이웃을 이웃으로 인도하는 사람의 길이다.
모진 바람으로부터 작은 생명들을 보호해주는 단단한 성벽이다.

클래식 음악의 악보와도 같은
제주의 길을 걸으면
음악도 떠오르고
詩想도 떠오르고.

숲의 바다

에메랄드의 바다

제주는 詩로 된 섬이다.

수식어가 필요 없는 天上의 어휘들로 된 섬이다.

제주의 눈

함덕 바닷가에 내리는 눈은 날카로운 유리 조각 같다.
성난 파도에 찢기고 부서져 눈 칼이 되어 춤을 춘다.
눈 가시가 되어 미친 듯이 춤을 춘다.
그런 날엔 하늘도 안 보이고
바다도 안 보이고
눈 칼과 눈 가시가 부딪히는 소리만 울부짖는 바람이 되어 흩어질 뿐이다.
4·3 사태 때는 얼마나 많은 생령(生靈)들이 바다에 던져졌나.
제주의 눈은 하늘 가득 바다 가득
갈 곳을 잃고 헤매다가 눈 칼이 되고,
눈 가시도 될 수 없는 어린 넋은 눈석임물이 되어 한라의 자락마다 흘러내리나.

제주의 달빛

길들이 길을 간다.
감귤나무 숲 위로 둥둥 하얗게 떠올라 길을 간다.
제주도의 달밤은 괴이하다.
바다에서 부서지는 달빛이 은갈치 떼가 되어
잠든 길들을 깨우고
함께
감귤나무 숲을 지나 올레길을 간다.
봄엔 노란 유채꽃 봉오리 간질여 터뜨리고,
가을엔 하얀 메밀꽃 흐드러지게 웃겨놓고,
그렇게 조천 내 집 앞에서 한밤중에 떠난 길은
겨울엔 눈꽃 따라 한라산 꼭대기까지 올라갔다가
동틀 녘에야 지친 몸으로 돌아와
노란 귤 밭에 누워 하루 종일 내리는 눈을 맞고 있다.

한 그루 나무로

나무는
서 있기만 하여도
그 이파리 살랑거리기만 하여도
냄새만으로
그냥 좋은데

나도
한 그루 나무이고 싶다.

나무는
그늘이 져도
굳이 꽃이 피지 않아도
낙엽이 지고
앙상한 가지만 남아도
그 외로운 모습이 그냥 좋은데

나도
한 그루 나무 같은 사람이 되고 싶다.

보석 이야기

　제주에 사는 내 친구는 보석 부자다.

　한라산 허리에 앉은 그의 집 하늘은 여느 제주 집 하늘보다 가깝다. 딸 '진이'에 대한 그들의 사랑은 남달라 외식하다 남은 갈비뼈는 모조리 싸다 준다.

　그는 보석들을 밤하늘에 뿌려놓고 있다. 그 보석들은 잠 못 이루는 사람들이 밤새 헤아리기 때문에 누구도 훔쳐갈 엄두를 못 낸다. 환갑이 다 되어가는 '진이'도 도둑 때문에 밤잠을 설칠 필요가 없다.

　그 보석 중에는 내가 가지고 싶은 것이 하나 있다.

　영국 여왕 왕관에 박힌 다이아몬드보다도 더 크게 빛나는 금성.

　이 금성은 서쪽에서 떠서 동쪽에서 진다. 여느 별들은 지구를 따라 동쪽에서 떠서 서쪽으로 지지만 금성은 해 진 후 다른 모든 별보다 먼저 서쪽에서 뜨고, 해 뜨기 전 동쪽 하늘에서 새벽을 깬다. 그래서 금성에게는 샛별이라는 별명도 있다.

　이 금성은 로마에서는 비너스, 그리스에서는 아프로디테라는 이름을 가진 美와 사랑의 여신이었다. 한 번쯤 불륜을 꿈꾸는 남성들의 영원한 로망, 난 이 여인을 파리 루브르 박물관에서 처음 만났다. 무슨 연유로 두 팔이 잘려 나간 이 여인은 상반신을 드러내고 내 앞에 서 있었다. 하반신을 가린 옷자락이 금방이라도 흘러내릴 것 같았지만 旅程 때문에 난 그곳에 오래 머물러 있을 수가 없었다.

　나는 이 여인을 밤마다 바라보며 사는 한라산 친구가 부럽다.

제주에 가면

제주에 가면
風景들이 내 가슴에 들어와 앉는다.
숲도
바람도
작은 새들도
푸른 바다조차도
모두 내 가슴에 들어와 앉는다.
제주에 가면
눈을 감아도
귀를 닫아도
모든 風景들이 내 가슴에 들어와 앉는다.
나도 風景 속으로 들어가 風景이 된다, 詩가 된다.

나 죽거든

나 죽거든 음습한 곳에 가두지 말아다오.
난 어둡고 축축한 곳은 싫어.
너른 바다, 밝은 햇살이 항시 쏟아지는 곳
제주 함덕 해수욕장 작은 다리 건너 바위 길 끝나는 곳
그곳에 뿌려다오.
연인들이 오고
갓 결혼한 새내기 부부들도 오고
슬픈 사람들도 오고
까르르 까르르 바닷새 텃새 철새들의 웃음소리
그래서 외롭지 않은 그곳에 훠어이 훠어이 뿌려다오.

노란 유채 꽃이 봄을 열면
여름엔 작열하는 태양이 은빛 물고기 되어 펄떡펄떡 튀어 오
르는 곳
가을엔 에메랄드 빛깔이 더욱 깊어지고
겨울엔 수많은 눈꽃송이,
송이 송이들
행복한 영혼들과 춤을 출까나
외로운 영혼들과 울기라도 할까나.

세상이 힘들어할 때
나 그곳에서 아무것도 도와주지 못할지라도
성난 파도 되어
온몸을 뒤집어 함께 힘들어하리라.
세상에 눈물마저 말라버리면
나 수천수만 개의 泡沫이 되어 대신 울어도 주리라.

나 그곳에서 보헤미안이 되리라.
부드러운 햇살에 몸을 맡기고
물결치는 대로 물결 닿는 대로 온 세상을 여행하리라.
행복한 사람들의 발등을 간질이고
불행한 사람들의 눈물을 받아주는 착한 보헤미안이 되리라.
밤에는 쏟아지는 달빛에 몸을 누이고
아름다운 기억들만을 떠올려 조금은 사치스런 행복에 젖어
도 보리라.

나는 어둠이 싫어, 칙칙하고 눅눅한 곳이 싫어.
작열하는 태양, 에메랄드 쟁반에 은비늘처럼 부서지는 눈부
신 태양이 좋아라.

그런 함덕 바닷가가 좋아라.

나 죽거든

그곳에 뿌려다오.

배우

난 배우입니다.
화려한 조명도
무대도
관객도 없는 배우입니다.
그러나 나의 연기는 진짜 연기입니다.
슬픔도
눈물도
절규도 모두
가짜가 아닌
나는 대본 없는 진짜 연기자입니다.
난
미리 연습을 해보고 무대에 오르는 그런 배우가 아닙니다.
죽었다가 커튼이 내리면 다시 살아나는 그런 배우가 아닙니다.
때문에 난 나의 연기가 끝날 날을 위하여 미리 인사를 해두
어야 합니다.
"지금까지 나의 三流 연기를 봐주신 모든 분들께 진심으로
감사를 드립니다."

비빔밥

우리 비빔밥이나 먹자.
콩나물 시금치 고사리 도라지 무생채
있는 나물 모두 집어넣고
참기름도 넣고
고추장도 듬뿍 넣고
추억마저 깨끗이 털어 넣고 팍팍 비비자.
우린 어디부터 뒤죽박죽되었을까―
고추장이 매운지
톡 떨어지는 눈물 한 방울도 함께 비빈다.

볼이 터지도록 입안에 쑤셔 넣는 비빔밥
제대로 씹지 않고 삼킨다.
목이 멘다.
가슴이 멘다.
고추장이 매운지, 추억이 매운지
눈물도 나고
콧물도 나고
가슴이 아려온다.
바닥을 보여가는 비빔밥 그릇

이 그릇을 비우면 일어서야 하는데
언제 다시 만날지도 모르는데
한마디 말도 없이
입안이 터지도록 입안에 쑤셔 넣는 비빔밥.

시냇물

시냇물이 쉬지 아니하고
저 산자락을 휘둘러 내려온 것은
노란 개민들레 때문입니다.
요염하게 웃음 짓는 달빛도 뿌리치고
밤새 서둘러 달려온 것은
모진 겨울 참아내며
언 땅을 뚫고 있는
가냘픈 피뿌리풀 때문입니다.
시냇물이 바위에 부딪히고 돌부리에 차여
제 몸 부서지는 줄도 모르고 흐르는 것은
산야에 지천으로 피어나는
이름 모를 들꽃들 때문입니다.
바람 불면 드러눕고
눈 내리면 바위틈에 숨어 있다가
봄이 되면
어김없이 피어나는 들꽃들 때문입니다.
시냇물이 곧바로 흐르지 아니하고
굽이굽이 먼 길을 돌아가는 것은
눈 시리게 아름다운

작은 꽃들을
황량한 벌판에 별처럼 수놓기 위함입니다.

나무

그들이 품었다가 흘려보내주는 물과
그들이 내뿜는 숨으로
우린 산다.

그들이 없이는
어떤 생명도
어떤 아름다운 풍경도 없지.

그런데도 우리는
그들을 벤다.
이런저런 우리들 편한 이유로.

우린 죽고 나무 밑에서 썩는다.

허무의 노래

내가 오늘밤 홀로
쐬주 몇 잔에 취하여
별빛도 없는 어느 황량한 광야를 헤매다가
혹 깊은 구덩이에라도 떨어져
혼자 신음하다가
죽고
썩고
백골이 될지라도

노란 들꽃은 해마다 피고
오늘 밤 무슨 까닭으로 돋지 않았던 별들도
내일은 다시 돋아나리라.

그런데 내가 지금 지껄이고 있는 이 말들이
무슨 의미가 있는 것이냐
내가 가령
노란 들꽃이 구덩이에 떨어져
신음하다가 시들고
썩고

밤하늘에 별이 되어 돌아나리라 우긴들
낙엽은 지고
한 번 더 눈이 내리거나 내리지 않거나 이 겨울은 가는데—.

후회

친구,
지난 세월에 대해서는 얘기하지 말자
이 길 저 길 많은 길이 있었지.
다른 길로 왔다면 지금 어디에 있을까,
그런 생각일랑 하지 말자.
다만
우리가 소홀했던 일들은 생각하자.
사랑해야 했던 사람들에게 도리어
미움을 주고
위로가 필요한 사람들에게
슬픔을 주고
삶이 힘든 사람들을
더 힘들게 하지는 않았는지.
친구,
후회는 지난 뒤에 하는 것,
앞날을 안다면 후회는 없을 것,
그러나 모르고 살아도 팍팍한 인생을
알고서는 어찌 살랴.
未知에는 속아도 설렘은 있는 것.

어느 길에도 꽃은 피고

햇빛이 비치고

때론 바람도 불고

비도 내리는 것.

친구,

그냥 실수도 하고

후회도 하며 살자.

다만 삶이 힘든 사람들을 위한 기도만은 소홀히 하지 말자.

구정

밤을 깎는다.
민머리 스님 머리같이 예쁘게 밤을 깎는다.
식탁 맞은편엔 아내가 앉아
파를 다듬는다.
흰 머리 파 뿌리 잘라내고
찌든 추억 같은 껍질도 말끔히 벗겨내고
정성껏 파를 다듬는다.
아낸
미국 간 아들놈과
며느리와 손녀손자 얘기와
목 디스크 수술을 받게 된다는 교회 권사님 얘기와
파 뿌리보다 많을 것 같은
이웃집 사연들을 외우느라
허리가 뻣뻣한 줄도 모르나 보다.
부엌에선
사골 국물 끓이는
증기기관차 한 대가
먼 추억 속으로 아내와 나를 태우고 간다.

짝사랑

손자든 손녀든
녀석들 전화만 받으면
아내는 나긋나긋 솜사탕이 된다.
처녀 때 아내는
내 전화를 받고도 저랬을까.
전화 좀 자주 해주면 얼마나 좋으랴만
녀석들은 우리들의 짝사랑이다.

아내

가격표부터 보고 물건을 고르는 여자, 17만 원짜리 옷을 3만 원에 샀다며 14만 원을 벌었다고 즐거워하는 여자, 만 원짜리 옷을 세 번씩 바꾸러 가는 여자, 그러나 외출할 땐 입을 옷이 없어 쩔쩔매는 여자,

아무것도 아닌 일에 크게 웃는 여자, 혼자서 조용히 우는 여자, 비비안 리를 좋아하는 여자, 그러나 내게는 비비안 리보다 더 예쁘게 보인다는 것을 모르는 여자, 작은 들꽃 같은 여자, 코스모스처럼 가냘픈 여자,

난 그런 여자에게 진딧물처럼 붙어살았다.

삶 4

곁에서 잠든 아내의 얼굴을 보고 난 문득 깨달았습니다.
삶이 나를 속인 게 아니라
내가 삶을 속였다는 것을—
나는 삶에 충실하지 못했습니다.
아내가 있는 남자가 바람을 피운 것처럼
나는 내 삶을 버려두고 딴전을 벌인 것이지요.
오늘의 삶을 놓아두고
내일의 삶만 기다렸고
때로는 과거의 삶을 아쉬워하기도 했지요.
내 진정한 삶은 糟糠之妻,
오늘의 삶이었으나
난 바람난 남자처럼 여기 없는 삶을 찾아 헤맸지요.
이제 古稀에야 비로소
내 진정한 삶은 바로 이 순간의 삶이라는 것을 깨달았습니다.

담에는

우리 담에는
나무가 되자.
전망 좋은 어느 산 중턱
양지바른 곳에
두 그루 나무로 서자.
서로 뿌리 엉켜 잡아주고
서로 팔 뻗어 안아주고
사철 아름다운 꽃 피우자.
작은 새 몇 마리도 거두어 살자.

육신

육신은 옷입니다.

헤지고 더러워져도
갈아입을 수 없는
단 한 벌의 옷─

時空을 벗어나선
적합지 않은
여기서만 입는 옷입니다.

누군가 육신을 벗고 떠나도
너무 슬퍼하지 마세요.
더 아름답고 더 행복한 세계를 여행하고 있을 터이니까요.

내 마음에 흐르는 강

강물은 흐르고 있었다.
내 의식 속에서,
무의식 속에서,
늘 흐르고 있었다.

저 강, 서러운 강
눈물이 모여 흐르는 강
울지도 못하는 강
울음소리를 삼키고 흐르는 강
꺼이꺼이 숨죽여 우는 강

운명의 강, 무심한 강
저 강, 돌아오지 않는 강
내 마음에는 수천 개의 강이 흐르고 있었다.

눈 내리는 강, 비 내리는 강
달빛이 흐르는 강, 은비늘 같은 강
바람 부는 강, 몸부림치는 강
노을이 타는 저녁의 강

저 강, 詩가 흐르는 강

나의 강은 모양을 바꾸어 흐르고 있었다.
때로는 소리를 죽여,
때로는 빛깔을 바꾸어가며,
끊임없이 흐르고 있었다.

이름

어느 때부터인가
사람들은 내 이름을 부르지 않았다.
이름 대신 직함을 부르기 시작했다.
지금은 아무 직함도,
하는 일도 없지만,
사람들은 내 이름을 부르지 않는다.
사장도 아닌 나를 사장님이라 부른다.
내 이름은 다만 이런저런 청구서와
어쩌다 날아오는 결혼청첩장에 적히는 이름으로,
부르는 이름이 아닌
적히는 이름으로 남아 있을 뿐이다,
마치 死語가 된 라틴어처럼.
얼마 후면 적히게 되는 일마저 없게 되리라.
내 이름을 부르는 사람이 있을 때 나는 행복하였다.

유모차

쓰다 버린 낡은 유모차,
유모차는 할머니의 자가용이다.
타지 않는 자가용
밀고 다니는 자가용.

할머니는 허리 접고 걷는다.
세월의 무게로 굽어진 허리
삶의 무게로 휘어진 허리

할머니는 땅만 보고 걷는다.
한평생 갈아왔던 저 땅
남은 세월만큼 가까워진 땅
돌아가 누워야 할 땅
멀리 있는 자식보다 가까운 저 땅.

면허증도 필요 없고
기름도 필요 없는
낡고 찌그러진 자가용
먼저 간 할아버지 대신

접은 허리 잡아주는 할머니의 유모차.

핸드폰 하나 싣고
할머니는
외로운 저녁마을을 간다.

세월

쉬지 않고 가는 건 내가 아니고 세월인데
내가 숨이 가쁘다.

자화상

한겨울
해 꼬리가 되었다.
방문객도
전화도
나의 기억도 희미해져간다.
산 채로 미라가 되어가는 잔인한 세월—.

쳇바퀴

일흔을 살아도
쳇바퀴를 도네.
얼마를 더 살아야 벗어날까 이 굴레를—.
아니다,
그것은 벗어나는 것이 아니다.
돌다
돌다가
그냥 끊는 것이다, 죽음으로.

시간

시간은
살아 있는 모든 것을 잡아먹고
저 혼자 억겁을 산다.

어머니

아흔을 살아도 놓을 수 없는가 보다.
이제 목숨마저 놓고 歸天을 준비하실 나이인데
엄니는 쉰 넘어 혼자 사는 딸 걱정으로 밤을 새우신다.

어머니 2

먼먼 길 걸어
다시 어린아이로 돌아오신 어머니
한평생 그 험한 세월
어찌 그리 다 잊으셨소.
꽃 각시 시절도
아버지 기억도 다 놓으시고
내가 지금 어디 사느냐고 물으시는
울 어머니
그 손이 뭐가 그리 더럽다고 하루에도 몇십 번 박박 문질러
씻으십니까.
열 자식 키우느라 갈라지고 찢어진 그 손이 가엾지도 않습니
까.
방금 전도 "내가 왜 이러지, 내가 왜 이러지" 한탄하시더니
지금은 뭐가 그리 신나는 일이 있다고 콧노래를 부르십니까.
어머니
울 어머니−

너

내가 깨어 있는 동안
너는 늘 나와 함께 있지
내가 잠자는 동안에도
너는 늘 나와 함께 있지
내가 어디에 있든
너는 늘 나와 함께 있지
내가 무엇을 하든
너는 늘 나와 함께 있지

나는 늘 너야
너도 늘 나였으면 좋겠어.

문자

시도 때도 없이 날아온다.
운전 중에도,
밤늦게도.
싼 이자 대출
비아그라
마트 할인,
내용도 가지가지다.
이년은
'옵빠' 나이도 까먹었나 보다.
누렇게 바랜 학습장에
침 묻힌 몽당연필로 써도 좋으니
손으로 쓴 편지 한 통만 받고 싶다.

바다

저 물들이 쉬지 않고 가는 그 끝 어딘가에는
무슨 굉장한 것이 있기에
저리 하나같이 서둘러 가는지 궁금하여
작은 종이배 하나 띄우고
쫓아가보았습니다.
굽이굽이 물굽이
이 바위 저 바위 부딪쳐가며 흐르는 물들이
가는 길목마다
떠들고 모여들어
난 정말 뭐가 있나 보다,
그러기에 물이란 물은 다 모여 저리도 신나게 흐르는 거지,
혼자 생각하며 열심히 쫓아가보았습니다.
그러나 물들이 닿은 곳은 바다였습니다.
모든 물들이 닿은 곳은 그냥 물들만이 모인 바다였습니다.

도시의 달

베란다에 나갔다가
문득 고개를 들어보니
아파트 옥상에 달이 걸려 있었습니다.
늙고 병든 얼굴
구부정한 모습으로 걸려 있었습니다.
도시에는 왜 왔나
잊고 살아온 달은.
도시에는 달이 머물 곳이 없습니다.
가로등보다 희미한 달
빌딩의 숲에 가린 달
남산 위에 뜬 달은 의미가 없습니다.
오늘 저기 저 달은 그런 줄도 모르는 멍청한 달인가 봅니다.

눈

당신은 내게
하얀 눈으로 왔습니다.
어느 날 하얀 눈이 내리던 날,
당신은
눈꽃 같은 모습으로
꽃잎처럼 부드럽게 내게 왔습니다.
천지에 눈은 내리고
당신을 피할 곳은 아무 데도 없었습니다.
나는 당신의 부드러움에 반하고
당신의 차가움에 몸부림쳤습니다.

벚꽃이 흰 눈처럼 지던 날
당신은 떠났지요.
그때부터 하얀 꽃이 질 때는
내게 늘 눈이 내립니다.
하얀 목련이
눈물처럼 뚝뚝 떨어질 때도,
하얀 라일락이 꽃보라로 흩날릴 때도
눈이 내립니다.

아아, 당신은 내게
부드러운 꽃잎으로
차가운 흰 눈으로,
늘 내립니다.

친구

무엇이 그리 급했던지
제 몸마저 버리고 간 친구,
떠난 지 오래되었어도
한 줄 소식이 없다.
레테의 강을 건널 때
망각의 강물을 마셨는가,
아니면 그쪽 생활이 그리 신나는 것인가.

청보리

춤을 춘다.
5월의 태양 아래
청보리 가시내들이
群舞를 춘다.

푸른 머리 풀어 헤치고
온몸을 너울거리며
춤을 춘다.

가시내야
터질 듯,
탱탱한 가슴일랑 어찌하러
가시는 그리 많이 돋우었나.

뻐꾸기 울리는
청보리 가시내야

도시의 겨울

죽음의 아우라 같은 짙은 안개가
회색의 도시를 덮고 있다.
신호등도 표지판도 보이지 않는다.
사람들은 주머니 속 깊이 더러운 지폐를 감추고
신용금고는 망했다.

간호사가 빈 주사기를 들고 돌아서는 병실에서
하얀 시트를 덮어쓴
환자가 누워 있다.
늙은 청소부가
마지막 휴지통을 비우고 있다.

청담동 작은 카페에도 겨울 안개는 내리고
늙은 마담이 거미처럼 앉아
차이콥스키를 듣고 있다.
보드카 잔에서
자작나무 타는 냄새가 난다.

별이 우는 밤에는 별이 빛나지 않는다.
눈물을 흘리는 것들은 아직도 사랑하는 까닭이다.

편지

밤새 지우고
지우고
고쳐 쓴 편지
우체국까지 갔다가
못 부치고 돌아오네.
고쳐 쓸 구절 또 있어 돌아오네.

또 하룻밤을
고쳐 쓴 편지
다음 날도 못 부치고 돌아오네.
고쳐 쓸 구절 아직 있어 돌아오네.

늙은이의 기도

주여,
量보다는 質 좋은 삶을 살다가
어느 날 자는 듯 사위게 하소서.
늙는다는 것은 지독한 전염병 환자라도 된 것처럼
視線의 獨房에 격리되는 것입니다.
오래 사는 것이 羞恥라는 것은 이제 비밀이 아닙니다.
주여, 너무 오래 살아
남은 자들의 눈물을 말리는 참혹한 일이 없게 하소서.

세월이라는 것은 曜日만 바꾸어가며
1년이 365일이거나 하루가 더 많거나 그런 것인데
저쪽 세월과 이쪽 세월은 한 덩이 세월,
한통속인데
내가 저쪽에 있을 때는
이쪽 세월이 따로 멀리 있는 것처럼
히히거리며 살아온 것인데
그것은 모두 세월의 속임수였습니다.
이제 세월의 언덕에 올라왔어도
남은 세월일랑 긴 끝자락이라도 있는 듯 또 속고 있는 것이지요.

　주여,
　저희 늙은이들을 긍휼히 여기소서.
　더 이상 세월의 弄奸에 휘둘리지 않도록
　저희들을 세월의 손아귀에서 벗어나게 하여주소서.
　이왕에 갈 길,
　건강할 때 꽃잎처럼 아름답게 지도록 하여주소서. 아멘.

별

별은 알고 있다.
모든 살아 있는 것들은 외롭다는 것을.

외로운 영혼이 죽어서 별이 된다지.
별은 외로운 영혼들의 슬픈 눈빛
영롱한 아침 이슬은 밤새 별들이 흘린 눈물이다.

청순한 별 하나가 흐르고 있다.
내일 아침 풀 끝에는 더 많은 보석들이 맺힐 것이다.

수갑

당신이 없는
빈자리에
난 왜 매여 있는 건가요.
말뚝도 없는 그 자리에
마음을 묶어놓고
하루 종일 빙빙 돌고 있는 건가요.
가버린 그대를 그리워함은
허공에 수갑을 채우는
허망한 짓인 줄 알면서도
어찌하여 내 마음은
그림자조차 남기지 않은 당신의 빈자리를
맴도는 것인가요.

시계

항상 오른쪽으로만 돌기에
거꾸로 세워도 보고
옆으로 눕혀놓아도 보았으나
저놈의 시계는 한사코 오른쪽으로만 돈다.

落照

어둠을 깨치고 이른 새벽 수평선에 떠오르는 해는
조금도 망설임이 없습니다.
순식간에 바다를 박차고 나와 중천에 떠오릅니다.
그것이 가장 빠른 시간에 가장 넓은 면적에 햇빛을 비출 수
있기 때문입니다.

지는 해는 그렇지 않습니다.
지는 해는 수평선 위에서 더디게 머뭇거리고
하늘과 바다는 붉게 물듭니다.
아시나요.
지는 해가 수평선에서 머뭇거리며
먼 곳으로부터 빛을 거둬들이는 것은
놀이에 팔린 작은 새들이
집으로 돌아갈 시간을 만들어주기 위한 것임을—

해는 자신을 불태우는 뜨거움으로
더 이상 견딜 수 없는 마지막 순간에
바다 속에 몸을 담그고

하늘과 바다는

오랫동안 노을을 머금고 있는 것입니다.

노래

우리는 작은 부싯돌,
민들레 갓털,
더 이상 흘릴 눈물도 없는 마른 억새풀,
우리끼리 부딪쳐 불씨를 만들고
불쏘시개가 되고
억새풀 불 지펴 온 산야에 들불로 타오르자.
타버린 땅에서도 새 생명은 태어나리.
온 들녘에 아름다운 들꽃으로 피어나리.

들풀은 죽지 않는다

들풀이 가진 것은
연약한 풀잎 몇 개와
메마른 땅에 뿌리 내리는 根性뿐.
들풀은 짓밟히면 누울 뿐이다.
꺾이면 제 몸 찢어
여러 갈래로 다시 일어설 뿐이다.
들풀은 앓아눕지 않는다.
들풀이 눕는 것은 다시 일어서기 위함이다.
나무 한 그루 서 있지 않은 메마른 들판에서
들풀이 뼈 없는 몸으로,
풀잎만으로 일어서는 것은
작은 꽃송이들을 피우기 위함이다.
들풀은 죽지 않는다.
어느 날 혹 내려치는 번개로
들불이 번진다 해도
까맣게 타버린 광야에서도
들풀은 다시 헤아릴 수 없는 꽃송이로 피어나리라.

사랑

거저 주기만 하는 것이어서
늘 있는 것이어서
없어져야만 비로소 그 존재를 아는
햇빛
물
공기
따뜻하고 부드럽게
때로는 뜨겁게
맑고 조용하게
모든 것을 포용하며
늘 곁에 있어도
몰라도 좋은
너에 대한 나의 사랑도 그런 지극한 것이어라.

빗방울

모든 빗방울들은 안다
혼자서는 안 된다는 것을.
혼자서는 흔적도 없이 사라진다는 것을.
뭉치는 것만이 사는 길이라는 것을 안다.
빗방울은
낮은 곳으로 가야 한다는 것을 안다.
그리하여 빗방울들은
연못이 되고
호수가 되고
강물을 이루고
마침내는 바다가 되어 수많은 생명들을 가슴에 품는 것이다.
빗방울은 안다, 그들이 왜 낮아져야 하는지를―.

3월, 도시의 저녁

가로수에
마른 잎사귀 몇 개 간신히 달려 있고
새순은 아직 돋지 않았다.
차라리 눈 내리는 겨울이 따뜻했지.
흩뿌리는 비에 뼈가 시리다.

도시에
어둠이 내리면
사람들은
저마다의 목적지를 향해
바삐 흩어지고

사람들이 떠난
빌딩 옥상에서
예수 없는
빈 십자가들이
하나둘 불을 켜고 있다.

오랑캐꽃

사람들은 날 오랑캐꽃이라 부른다지요.
내가 무슨 짓을 했기에 그렇게 부르나요.

난 오랑캐가 무엇인지 모르는 작은 꽃입니다.
봄이 오면 피어나는 예쁜 보라색 들꽃입니다.
그런데도 무슨 이유로
그런 나쁜 이름을 붙였나요.
지난겨울 그 매서운 추위를 이기고
내가 예쁜 꽃을 피웠을 때
당신들이 무슨 도와준 것 있나요.

어린 순 따다 나물로 먹고
갖은 약재로 쓰고
누구는 날 성모님께 바치기도 했으면서—

제비꽃 병아리꽃 반지꽃 씨름꽃 앉은뱅이꽃
별의별 이름 붙이다 못해
이제는 날 오랑캐꽃이라 부른다지요.

차라리 내게 아무 이름도 붙이지 마세요.

당신들이 날 가리켜 무어라 부르든 난 그냥 나이니까요.

녹두장군

이제 남녘에도 녹두밭은 없습니다.
파랑새는 날아갔습니다.
깃발은 버려졌고
함성은 잊힌 지 오랩니다.
동지들의 뜨거운 눈물도 물론 없지요.

죽은 자들은 일렬로 누워서
먼 하늘을 봅니다.
어느 정해진 하루
산 자들이 찾아와
'임을 위한 행진곡'을 장엄하게 합창하고 떠나면
죽은 자들을 위해 울어주는 것은
방금 뱁새 둥지에 제 알을 몰래 끼워놓고 온
뻐꾸기뿐입니다.

전라도에도
황톳길은 없습니다.
가도 가도 아스팔트
꽃 축제

먹거리 축제
가도 가도 자동차 행렬입니다.

녹두꽃이 피지 않는 전라도에는 이제
파랑새도 날아오지 않습니다.

無題

시대의 절망 같은 바람
긴 한숨으로 터져
아무도 없는 빈 거리를 휩쓸고 지나간다.
사람들은 모두 문을 걸어 잠그고
끼리끼리 귓속말을 나눌 뿐
탐욕의 도시에 바람이 분다.

뼛속부터 얼어오는 고독
저 가수는 왜 이별의 노래만 부르는 것일까.
사람들은 이별의 준비도 없이 앙코르를 보낸다.
봄도 오기 전에
세상은 무너져 내리는 극장이다.
박수를 칠 겨를도 없이 우린 서둘러 떠나야 한다.

갈대는 흔들림만으로
시가 되고 노래도 되는데
우리 모두는 너무 많은 이유로 흔들리는 존재
일렁이는 파도 위에서 흔들리는 작은 그림자처럼
지쳐 떠도는 민들레 홀씨처럼―
방향감각을 잃은 봄은 저 혼자 반대쪽으로 걸어가고 있다.

단풍 예찬

앙상한 가지에서
연두색 여린 이파리로 기적같이 피어나
지난여름 그 뜨거웠던 태양을 온몸으로 품더니
이 가을 천지에 불꽃으로 타오른다.
단풍이여,
어떤 신부 옷
어떤 상여가 너보다 더 아름다울까.
사랑하는 사람들의 추억 속에
아름다운 배경이 되고
때로는 슬픈 사람들의 어깨를 두드려
외로운 가을을 나누는 너,
어떤 시로도
어떤 노래로도 표현할 수 없는
불꽃놀이의 극치
타오르다
끝내 대지로 돌아가 죽음을 딛고
새봄
다시 순결한 새잎으로 피어나겠지.
항상 새로운 삶으로 돌아오는 너,
가을은 네가 있음으로 아름다워 더욱 외로운가 보다.

가을의 기도

주여,
이 가을에는
단풍 빛이 고운 이 가을에는
아름다움을 아름다운 눈으로 보게 하소서.
불순한 것이 섞이지 아니한
티 없는 눈으로
아름다움은 아름다움으로만 보게 하소서.
아름다움이 색욕이 되고
물욕이 되지 않게 하소서.
아름다움을 소유하려는
더러운 마음을 갖지 않게 하소서.
들국화의 아름다움은 들에 있을 때 아름다운 것,
코스모스의 아름다움은
가을바람에 흔들릴 때 아름다운 것임을 알게 하소서.

주여,
이 가을에는
모든 이별하는 것들을 불쌍히 여기소서.
떠나가는 자,

외로이 남는 자들의 가슴에
소망의 촛불 하나 켜 있게 하소서.
빈 들녘에 까닭 없이 지나는 바람이 아니라
앙상한 가지에 마지막으로 남는 열매가 아니라
차라리 땅에 떨어져 썩어가는
낙엽의 겸손함을 배우게 하소서.
저 단풍들이
마지막 한 잎새까지 고운 빛깔로 타오르다가
후회 없는 마음으로 떨어지게 하소서.
그리하여
새봄에는 더욱 순결한 새잎으로 나게 하소서.

낮달

얼마나 외롭기에
낮에 나왔나,
저 낮달.
누가 널 보랴
우리끼리도 눈길 주지 않는
낯선 세상인데─.
외로운 낮달
혼자 떠 있다
어둔 밤길로 다시 돌아가네.

제주의 밤하늘

제주의 하늘은 밤마다 잔치입니다.
잠 못 이루는 사람을 위하여
밤마다 잔치입니다.
오늘은 무슨 잔치가 있는 걸까요?
보석 목걸이
보석 팔찌
보석이란 보석은 모두 나왔습니다.
누구일까요?
어린아이 주먹보다 더 큰 다이아 반지에
저렇게 찬란한 보석 목걸이를 두르고 나온 여자는?

때늦은 후회

사람이 태어날 때
좋은 성질만 가지고 나오는 사람도 있다던가.
대개는 좋고 나쁜 성질 반반 섞어 나오지.
살면서 나쁜 성질 다 버리고
좋은 성질로 갈아치우는 사람도 많지만
난 좋은 성질 다 버리고
나쁜 성질로 채웠다네.
길지도 않은 한평생
악머구리처럼 징징대다가 늘어난 건
더러운 성질뿐이라네.
내가 아버지를 생각하며 속으로 우는 것은
아버지가 그리워서도 아니고
못다 한 불효 때문도 아니라네.
쥐뿔이나 남길 일은 아무것도 못했으면서
물려준 좋은 성질 하나 못 지키고
이렇게 고약한 성질만 남아 나이 먹은 때문이라네.

기도

자리에서 일어서
절규의 기도를 드리는 그대
아는가.
당신의 뒤에
일어서지도 못하고 앉아서 기도하는 사람이 있음을,
당신의 키에도 못 미치는 두 팔을 뻗어 기도하는 사람이 있음
을—
아는가.
지금 이곳에 오지 못하고 집에 누워서
눈물로 기도를 드리고 있는 사람이 있음을,
앉아 있지도 못하고 누운 채로
가족들이 외출하는 현관문 닫히는 소리를 들으며
소리조차 낼 수 없어 눈물로써 기도를 드리는 사람이 있음을.

사랑 2

사랑한다는 것은
나의 모든 것을 주는 거라지
내가 가진 모든 것
내게 있는 모든 것을 주는 거라지.
하지만
난 네게 모든 것을 주어버리고
빈들에 서 있는 허수아비처럼 홀로 울고 있잖아.
난 네게 나의 모든 것을 주지 말았어야 했어.
조금이라도 남겨두어야 했어.
나의 모든 것을 주어버린 난, 너를 원망할 내가 없어.

바다 2

바다는
토사곽란이라도 걸린 듯
금방 죽을 듯
뒤집고 몸부림치지만
아무 일도 없는 듯 곧 고요해진다.
바다야,
네가 어찌 알랴
각다귀처럼 그악스럽게 살아도 힘든 인생을—
억겁을 살아도
바닥까지 뒤집을 일이 없는 바다야.

단풍

비에 젖은 단풍은 더욱 처연하다.
고운 얼굴 어느새 검버섯 돋더니
지난밤 내린 비에 거의 다 져버렸구나.
단풍아,
모둘랑 지지 말고
두셋 잎이라도 남아서
저문 가을 곱게 가도록 브로치도 귀걸이도 되어라.

생각

이제 아무 생각도 않을 거야.
너무 많은 생각을 하며 살았지.
아니
너무 많은 생각을 하며 산 것이 아니야,
좋은 생각이었다면
아무리 많아도 많은 게 아니지.
기쁜 생각이었다면
아무리 많아도 많은 게 아니지.
아름다운 생각이었다면
아무리 많아도 많은 게 아니지.
이제
아무 생각도 않을 거야
나쁜 생각이
슬픈 생각이
추한 생각이
그런 것들이 끼어들 거라면
차라리 아무 생각도 않을 거야.

누군가는

누군가는 지금 사는 것이 힘들어 엉뚱한 마음을 먹고 있을지 모르나 누군가는 스테이크를 썰고 있을 것이다.

누군가는 지금 견딜 수 없는 외로움으로 이 밤을 하얗게 밝힐지 모르나 누군가는 性戱의 클라이맥스를 오르고 있을 것이다.

누군가는 지금 生死의 고비에 있을지 모르나 누군가는 TV를 보며 낄낄 대고 있을 것이다.

누군가는 지금—.

눈꽃

가을은
형형색색 퀼트 치맛자락을 끌며
지금 막 산모퉁이를 돌고 있습니다.
남은 치맛자락마저 감추어버리면
머지않아 裸木들에 겨울 꽃이 피겠지요.
흰 겨울 꽃은 차가운 꽃이지요.
따뜻한 체온의 犯接을 완강히 거부하는ㅡ.
그것은 저 단풍들이
지난여름의 뜨거웠던 체온을 모두 거두어 가버린 때문이지
요.
겨울은 추억만으로 살기에는 너무 추운 계절,
때로 흰 눈이 내려 얼어붙은 대지를 덮고
벌거벗은 나무마다 눈꽃을 피우지만
시리디시린 눈꽃들은 차라리 아픔이지요.
앙상한 추억의 가지 위에 피는 체온 없는 눈꽃들은ㅡ.

삶

삶은 안다.
삶이 우리를 힘들게 할 때
우리가 삶에 더 비겁해진다는 것을.
삶과의 힘겨루기는 바보짓이다.
놓아버려라 미련의 끈을,
삶이 저 혼자 붙잡고 넘어지도록─.

삶 2

사는 것이 힘들다고 좌절하지 말게나.
삶은 원래 그런 것이라네.
이 세상은
전생에 지은 죄 씻어내는 세탁소라네.

그대의 삶이 질기고 힘들거든
그대의 原罪가 무겁고 큰 것임을 깨닫게나.
뿌리 깊은 나무가
뽑기 힘들지 않던가.

삶을 너무 힘들어하지 말게나.
두들기고
돌리고
쥐어짜서
깨끗해질 수만 있다면
참고 견디어낼 가치가 있는 것 아니겠나.

더러운 영혼 세탁하러 온 그대
자네를 씻은 물이
이 세상 더럽히지 않도록 주의하게나.

삶 3

나의 한평생은 늘 흔들림, 그것이었습니다.

때문에 나에게는 삶의 면적이 없습니다.

원래 세월이란 현재가 없고 현재는 면적이 없다지만,

나의 인생은 늘 흔들리기만 한 것이어서 아무런 면적도 만들
어내지 못했던 것입니다.

이제라도 서둘러 작은 점 하나 찍고 가고 싶지만

어디에 어떻게 점을 찍어야 하는지 모르는 나는 바보입니다.

도박꾼

우리는 어설픈 도박꾼
마지막 한 장까지 받아보고서야
승패를 알아채는
잃을 수밖에 없는 서툰 도박꾼
인생은 보이는 카드보다
감춰진 카드가 더 중요한데
내일이라는 카드가 더 중요한데
카드를 섞어 돌리는 것은
늘 神의 몫이었다.
神은 포커페이스
이따금 행운이라는 조커 패를 돌려
우릴 도박판에서 떠나지 못하게 한다.
어차피 인생이란
잃고 딸 것도 없는 空手來空手去
한판 인생이 끝날 때에야 그걸 알아채는
우린 모두 어리석은 도박꾼.

대나무

대나무는
속을 비우면
마음도 비워지는 줄 알았다.

속을 비우는 것이
너무 힘들어
대나무는 온몸으로 마디를 만들어갔다.

마디가 저토록 많은 것은
비워도
비워도
비워지지 않은 탓이다.

갈대와 억새

갈대는 강가에서 자라고
억새는 산에서 자랍니다.
갈대는 갈꽃을,
억새는 흰 꽃을 피우지요.
억새와 갈대가 또 다른 것은
억새는 가을이 되면 새가 되어 운다는 것이지요.
돌아가신 울 아버진 술만 드시면
"아아, 으악새 슬피 우니 가을인가요."를 불렀지요.
가을이 아닌 때도 만날 만날 똑같은 노랠 불렀지요.

억새 예찬

억새는
제 몸을 죽여 생명을 이어가는
그런 풀이 아닙니다.
억새는 제 자리에 씨앗을 떨어뜨리는
어리석은 풀도 아니지요.
억새는
씨앗에 하얀 날개를 달아 더 넓은 세계로 날려 보냅니다.
어미와 새끼가 영토를 놓고 다투지 않으려는 지혜이지요.

억새는 겨울에도 죽지 않습니다.
윗부분은 죽어도 뿌리는 그대로 살아 있다가
이듬해에 더 많은 줄기를 올리게 되지요.

억새는 쉽게 쓰러지지 않습니다.
억새가 하얀 머리칼을 날리면서도
마른 몸을 곧추세우는 것은
새 줄기가 올라올 때까지 제 영토를 지키기 위해서지요.
억새는 가을이 되면 마른 몸을 부딪쳐 노래를 부릅니다.
억새는 울지 않습니다. 억새는 그래서 억세지요.

섬진강 은어

산란으로 생을 마감한 은어 떼가
섬진강 바닥에 부초처럼 떠 있다.
은어의 새 삶은 이렇게 해서 잉태되었다.

빈 벽에 걸린 TV 속에서 쩍벌 춤을 추는 저 여자는 알고 있
을까.
한 마리의 난자를 위하여
億의 정자가 죽음의 경주를 벌이는 것을―.

울부짖고 짓밟고
스러지는 듯싶다가 다시 일어서
갈래갈래 찢어놓고 흔드는 욕망
이것은 생명의 잉태를 위한 환희의 몸짓이 아니다.
하나는 살고 億이 죽는 잔혹한 배신
삶으로 포장된 죽음의 순환―.

발 디딜 틈 없는 고독 속에서
외롭지 않은 것은 정욕뿐이다.
죽어도 죽지 않는 광란의 형벌―.

생명의 잉태를 위하여 죽음의 고향을 향해 솟구쳐 올라가는
은어여,
단 한 번
삶의 한 방울까지 털어내고
흔들리며 떠 있는 은어 같은 사랑을 하고 싶다.

눈길

눈과 눈을 이어주는
눈길은
마음의 통로입니다.
눈길이 닿는 곳에
마음이 가고
마음이 가면
영혼도 따라갑니다.

눈길을 주세요.
당신의 진심 어린
눈길을 주세요.
눈물 한 방울 담긴
따뜻한 눈길을 주세요.
눈은 딴 곳에 두고
손만 내미는 악수는 거둬주세요.
당신을 바라보는 사람이 있다면
당신은 아직 행복한 사람이니까요.

외로움

외로움을 내다 버릴 곳은 어디에도 없었다.
외롭지 않은 사람은 없었다.
사람들은 내다 버릴 곳 없는 외로움을 가득가득 쌓아두고 있
었다.

별이 빛나는 것은 외롭기 때문이다.
어둠 속에 홀로 있음을 알리는 등대의 불빛–

바람이 쫓기고 있다.
외로움에 잡히기 싫어 달아나는 바람
등도 보이지 않고 달리는 바람–

바람이 문을 두드린다.
나의 방은 이미 외로움으로 가득 차고
바람을 들여놓을 여백은 없다.
나는 더욱 단단히 문을 잠그고
어둠 속으로 서럽게 울며 돌아서는 바람–

하얀 목련

하얀 목련이 진다.
그 겨울의 忍苦 속에서 길어 올린
純潔한 영혼
하얀 목련이 진다.

어떠한 色이기도 거부하고
純白으로 피어난
이파리 한 장 없이
꽃으로만 핀 꽃

지난겨울에 쏟아진 폭설들은
孤高한 너의 영혼에
純白함을 더하였구나, 오히려―

하얀 목련이 진다.
눈물처럼 뚝뚝
나의 가슴에,
첫사랑의 입술 같은 목련이 진다.

아날로그

옛 다이얼 전화는
돌린 만큼 다시 돌아와서야
전화가 걸렸다.
번호를 이루는 모든 숫자를 돌려줘야 전화가 걸렸다.
1은 1만큼
2는 2만큼
9는 9만큼
모든 숫자를 하나하나 확실하게 돌려줘야
전화가 걸렸다.
그러나 이제는 단축 번호 하나로 전화가 걸리는 세상이다.
모든 번호는 무시되어
한 개의 번호로 통합되고
살짝 건드리기만 하면 전화가 걸리는 세상이 되었다.
세상에,
시냇물이 흐르는 게 아니고
펄쩍펄쩍 뛰어가는 세상이 되었다.
사랑도 디지털, 눈물도 디지털인 세상이 되었다.
난 아날로그가 좋다.
꼴찌라도 끝까지 다이얼을 돌려주는 아날로그 세상이 좋다.
느리게 돌아가는 옛날이 더 좋다.

당신 2

당신은 내게 계절 따라 다른 모습으로 왔지요
봄밤에는 실비 소리로 왔어요
사근사근 가슴을 두드리고 사라지는 실비 내리는 소리로—
당신은 초여름엔
온 방안을 가득 채우던 라일락 꽃 향기였지요
가을밤엔
창문에 걸터앉아 하얗게 밤을 밝히던 달빛이었고요
겨울엔 흰 눈으로 왔어요.
가슴에 품으면 녹아버리는 마실 수 없는 목마름으로—
아아, 당신은 내게
어느 계절에도 변하지 않는 사랑보다 진한, 그리움이어요.

두물머리에서

썩어가는 육신으로 누워
흐르는 강물을 바라다볼 것이냐,
하얀 꽃가루 되어 강물 따라 흐를 것이냐.
아들아, 묻지도 말아라.
두물 머리 세물 머리
갈래 많으면 더 좋으리니
이 강 저 강 흩어지도록 멀리 멀리 뿌려라.
떠나는 길, 지지리 서러운 산하 싫도록 보고 가리.

성영소 詩集

내 마음에 흐르는 강

1판 1쇄 인쇄 2013년 1월 3일
1판 1쇄 발행 2013년 1월 10일

지은이 성영소
펴낸이 안광욱
펴낸곳 도서출판 비엠케이

편집 성한경
디자인 아르떼203

출판등록 2006년 5월 29일(제313-2006-000117호)
주소 121-841 서울시 마포구 서교동 463-31 플러스빌딩 4층
전화 (02) 323-4894 팩스 (02) 332-4031
이메일 arteahn@naver.com

값은 뒤표지에 있습니다.
ISBN 978-89-965605-2-4 03810

일원화 공급처 (주)북새통
주소 서울시 마포구 서교동 465-4 광림빌딩 2층
전화 (02) 338-0117 팩스 (02) 338-7161
이메일 bookmania@booksetong.com